Georg Meistermann malt Willy Brandt

Georg Meistermann
malt
Willy Brandt

Eine Dokumentation
von Klaus-Henning Rosen
mit einem Vorwort
von Rudolf Scharping

1993

Verlag K.H.Bock

Gefördert durch die Friedrich-Ebert-Stiftung

Die Deutsche Bibliothek – CIP-Einheitsaufnahme

Georg Meistermann malt Willy Brandt : eine Dokumentation /
von Klaus-Henning Rosen. Mit einem Vorw. von Rudolf Scharping.
- Bad Honnef : Bock, 1993
ISBN 3-87066-337-5
NE: Rosen, Klaus-Henning

ISBN 3-87066-337-5

Verlag K.H.Bock, Bad Honnef
Lithos: APEX C. Palinkas, Köln
Druck: Druckerei Plump KG, Rheinbreitbach

Bildnachweis: Ulrich P. Wienke (Bilder auf den Seiten 26 und 27)
Klaus-Henning Rosen (alle übrigen Bilder)

Kunstkritiker bin ich ja nun wirklich nicht, eher genießend interessiert. Mir geht es auch weniger um das in diesem Buch vorgestellte Meistermann-Bild, mehr um den Porträtierten. Es geht um Willy Brandt, den großen Politiker, meinen Vorgänger im Amt des Vorsitzenden der deutschen Sozialdemokratie, der vor Jahresfrist verstarb. Politisch war der Konflikt des Künstlers mit seiner Umgebung; ein Konflikt, den auch der Porträtierte durchzustehen hatte. Es hat mir imponiert, daß Willy Brandt sich durch öffentliche Kritik, vielfach war sie unsachlich und sogar bösartig, in seiner Haltung zu Georg Meistermann und seiner Art zu malen nicht hat irritieren lassen. Dies entsprach der Bescheidenheit, die wir an ihm kannten, sich kein Urteil auf Feldern anzumaßen, auf denen er nicht kundig war.

Porträtmalerei wird als eine aussterbende Kunst betrachtet. Alltäglich ist es daher nicht, wenn ein Politiker einem Künstler Modell sitzt. Das liegt sicher an der Entwicklung der Malerei hin zur Abstraktion. Die Individualität eines Menschen läßt sich mit den Mitteln der abstrahierenden Kunst nur noch schwer erfassen. Vor allem aber, so will es scheinen, ist unserer schnellebigen Zeit in Gestalt der Fotografie das zeitgemäße Medium zur Hand, um die menschliche Gestalt für die Nachwelt festzuhalten. Dennoch setzen sich nach wie vor Maler und Bildhauer mit dem Abbilden von Menschen auseinander. Geblieben ist eine kleine Zunft von Porträtisten.

Porträtmalerei ist regelmäßig Auftragsmalerei. Das gilt für das private nicht minder wie für das öffentliche Bild. Die Auftraggeber haben sich damit auch als Mäzene betätigt, was sie auszeichnet. Das hat sich, seitdem menschliche Abbilder überliefert sind, zum Glück nicht geändert. Auch die Auftraggeber der Kanzlergalerie fühlten sich, indem sie ihre Geschichte malen ließen, als Förderer der Kunst. Die Kehrseite dieses Mäzenatentums ist natürlich, daß es den Künstler in die Pflicht nimmt, ihn in seiner künstlerischen Freiheit gefährdet. Das mag beim privaten Porträt nicht so deutlich zu spüren sein; beim amtlichen Auftrag dürfte es die Regel sein. Denn zumeist, wenn zur Erweiterung einer Ahnengalerie ein Auftrag gegeben wurde, hatten der Abzubildende oder der in seiner Nachfolge Handelnde im Zweifelsfalle recht präzise Vorstellungen, wie der Porträtierte von der Nachwelt gesehen werden wollte bzw. sollte. Für die Galerien der heute Herrschenden – der Industriellen, der Verbandsvertreter, der Regierenden – dürfte dies nicht minder gelten wie früher für die Galerien der Dynastien.

Auch Georg Meistermann, dessen Porträt von Willy Brandt mein Vorwort vorangestellt worden ist, kannte nach eigener Aussage die Gefahr, in seiner Freiheit eingeschränkt zu werden. Nicht von Seiten des Porträtierten, der sich ja bewußt dafür entschieden hatte, nach einem ersten, heftig diskutierten Porträt sich auch für die Kanzlergalerie von Georg Meistermann malen zu lassen. Mir will scheinen, als sei selbst ein so unabhängiger Geist wie Georg Meistermann nicht davor gefeit gewesen, sich diesem Zwang zu beugen – nicht, als er den Auftrag übernahm, wohl aber später, als er das Bild (unter dem Eindruck der Kritik) noch einmal zurücknahm, um es zu überarbeiten.

Was da abgelaufen ist, legt die Frage nach dem Verhältnis von Kunst und Politik, in Sonderheit in einer Demokratie, nahe. Daß dieses Verhältnis nicht immer unproblematisch ist, zeigt der nachfolgende Bericht. Dabei geht es nicht um die Rolle als Künstler, sondern auch um die gesellschaftliche. Künstlerinnen und Künstler sind eine gesellschaftliche Gruppe, die sich im Dialog mit Politik einer gewissen Sonderstellung erfreuen. Damit gelingt es ihnen beileibe nicht, ihre Interessen besser als andere durchzusetzen. Ihre Rolle in unserem Staat ist aber mit „Interessenvertretung" nur unzureichend umschrieben. Gelegentlich hat man allerdings den Eindruck, als betrachteten Gesprächspartner auf der Seite der Politik sie lediglich als Dekoration. Diese Art des Umgangs mit Menschen gemahnt an die Hofhaltung früherer Zeiten, gehört aber sicher nicht in ein demokratisches Staatswesen, in dem die Menschen als Gleiche miteinander Umgang pflegen sollten. Freilich kann man uneingeschränkt zustimmen, wenn Künstler in ihrer spezifischen Rolle wahrgenommen werden. Denn nach aller Erfahrung können sie kritischer in eine Gesellschaft hineinhorchen als andere. Kunst erfordert Bewegung – auf das künstlerische Objekt hin, aber auch hin zu sich selbst. Das hält den Geist lebendig. Politiker sollten aus dieser Erfahrung heraus um den Dialog bemüht sein, aber eben um den Dialog, bei dem der eine den anderen zu Wort kommen läßt und auf ihn hört. So wie wir es an Willy Brandt geschätzt haben.

Mainz, 8. Oktober 1993

Rudolf Scharping

Georg Meistermann ist am 12. Juni 1990 gestorben. Edeltrud Meistermann und er hatten die Freunde gerade eingeladen, mit ihnen am 15. Juni in der Stille der Hoch-Eifel seinen 79. Geburtstag und zugleich die Verleihung des Großen Verdienstkreuzes – „betroffen und beglückt von dieser hohen Ehrung", wie er schrieb – zu feiern. Aus dem Freudenfest wurde eine Trauerfeier.

Georg Meistermann hat ein großes Oeuvre vornehmlich abstrakter Malerei hinterlassen. Es besteht aus sorgfältig durchgearbeiteten Tafeln, auf denen er immer wieder die Konkretisierung des Ungeformten suchte. Er bediente sich regelmäßig wiederkehrender, einzelne Malepochen prägender Formen – Feuertaube, Fastentuch, Blatt oder Schwinge waren vielfach variierte Grundmuster. Georg Meistermann, der Meister des Kleinen, Intimen, vermochte aber auch – wie kaum ein anderer zeitgenössischer Künstler – öffentliche Räume zu gestalten. Immer wieder erhielt er Kirchenaufträge. Er hat uns eine Fülle von unvergleichlich schönen Glasfenstern und Altarwänden hinterlassen, die Kunst und tief empfundene Religiosität vereinen. Das Treppenhaus im Westdeutschen Rundfunk in Köln oder das Foyer beim Zweiten Deutschen Fernsehen in Mainz sind Beispiele für die von ihm gestalteten Profanbauten.

Nur selten hat Meistermann in seinen späteren Jahren Porträts gemalt. Da er sich nicht nur als Künstler sondern auch als ein durch und durch politischer Mensch verstand, kann es nicht verwundern, daß er in diesen wenigen Fällen immer wieder den Versuch gewagt hat, sich mit den Stilmitteln der abstrakten Malerei der Persönlichkeit von Politikern zu nähern. Die Ergebnisse sind eindrucksvoll. Beispielhaft sind das 1960 entstandene Bild des SPD-Politikers Carlo Schmid, in dem er, nach meinem Eindruck treffender als es je ein Fotograf hätte tun können, jene einzigartige von Carlo Schmid verkörperte Einheit von Geist und Politik erfaßt hat, oder das so typische Porträt des Bundespräsidenten Walter Scheel aus den Jahren 1976/77.

Mit keinem seiner Modelle hatte Meistermann so große Probleme wie mit dem am 8. Oktober 1992, gleichfalls im 79. Lebensjahr, gestorbenen Altbundeskanzler Willy Brandt, der ihm zweimal Modell gestanden hat. Das gilt in zweifacher Hinsicht. Nicht nur war es ein mühsamer Prozeß der Annäherung des Malers an einen komplizierten, nicht leicht zu erfassenden Menschen und Politiker. Beide Male kam dazu die Weigerung eines großen Teils der politischen Öffentlichkeit, zu verstehen oder zumindest sich mit dem auseinanderzusetzen, was der Künstler als Analyse der Person dieses Willy Brandt anbot – man war sich allenfalls einig in der Ablehnung.

Nicht nur Adelshäuser haben ihre Ahnengalerien, auch Demokratien pflegen Traditionen. Die Bundesrepublik Deutschland war in vielfältiger Form bemüht, den zweiten, erfolgreicheren Versuch, Demokratie in Deutschland zu wagen, zu dokumentieren, um den Eindruck der Traditionslosigkeit zu überwinden. So halten Bonner Behörden ihre Geschichte durch Bilder ihrer Amtsspitzen fest, regelmäßig durch Fotografien, seltener durch Zeichnungen. Manche gehen hinter das Gründungsjahr der Bundesrepublik zurück, bis zur ersten deutschen Demokratie oder sogar in die Zeit der kaiserlichen Ministerien. Die Amtsinhaber der dezent als „die zwölf dunklen Jahre" umschriebenen Zeit sind Unpersonen. Der Deutsche Bundestag bezieht in seine Historiografie den Reichstag der Weimarer Zeit ebenso ein wie den des Kaiserreichs.

Die Ahnengalerie des Bundeskanzleramtes ist eine der wenigen, die neben der des Deutschen Bundestages aus Porträts in klassischer Manier besteht. Sie beschränkt sich auf die Bonner Demokratie und beginnt mit Konrad Adenauer. Es folgen die Porträts von Ludwig Erhard und Kurt Georg Kiesinger. So war es zwingend, daß auch der fünfte Kanzler, Helmut Schmidt, seinen Vorgänger im Amt, den vierten Bundeskanzler, Willy Brandt, um ein Porträt für die Kanzlergalerie bat. Helmut Schmidt selbst hat sich 1986 für die Galerie von dem Leipziger Künstler Bernhard Heisig porträtieren lassen.

Auf die im Frühjahr 1976, zwei Jahre nach dem Rücktritt übermittelte Bitte regte Willy Brandt an, man möge die in den Jahren 1969 bis 1973 von Georg Meistermann geschaffenen „farbigen Notizen zur Biografie des Bundeskanzlers" der Kanzlergalerie anfügen. Es war unschwer vorauszusehen, daß diese Empfehlung angesichts der damals um dieses Bild geführten heftigen Diskussion wenig Begeisterung auslösen würde. Wegen der sehr individuellen, an Francis Bacon erinnernden Sehweise fügte sich das Bild kaum in die herkömmliche Vorstellung von einer Ahnengalerie ein.

Erwartungsgemäß ließ das Bundeskanzleramt durch einen Regierungsdirektor dem Büro des Altkanzlers mitteilen, es sei vom Chef des Bundeskanzleramtes – mit Zustimmung des Bundeskanzlers – „entschieden worden, daß dieses Bild nicht angekauft werden soll". Dabei wäre das von Meistermann, einem begeisterten, aber nicht unkritischen Verehrer Willy Brandts, geschaffene Porträt schon unter künstlerischen Gesichtspunkten ein Lichtblick in der Ahnengalerie der zweiten deutschen Demokratie gewesen. Denn außer dem Adenauer-Porträt von Hans Jürgen Kallmann hingen dort zwei Werke des Münchners Günter Rittner, der sich gern der Geschwindigkeit rühmt, mit der er Prominente in Öl malt. In der konservativen Frankfurter Allgemeinen Zeitung befand Helmut Herles, diese beiden Kanzlerporträts seien in einem „Stil, wie er auch in einer Hochburg des sozialistischen Realismus oder der Blut-und-Boden-Zeit gefallen könnte". Mit der Ablehnung, das Meistermann-Porträt anzukaufen, hatte das Kanzleramt die Frage an Willy Brandt verbunden, „ob er sich in nicht all zu ferner Zeit von einem anderen Maler porträtieren lassen möchte".

Willy Brandt mochte nicht. Er schlug nicht nur ein Angebot des schon zweimal in der Galerie vertretenen Porträtmalers Rittner und anderer Prominentenmalerinnen und -maler aus, sondern wünschte ausdrücklich, noch einmal von Georg Meistermann gemalt zu werden. Georg Meistermann, vorweg befragt, hatte sich begeistert bereit erklärt, Willy Brandt ein weiteres Mal zu porträtieren. Er äußerte auch Verständnis für die Ablehnung seines ersten Porträts, weil es, wie er einräumte, besser sei, den aktuellen, durch die Ereignisse seit 1969, dem Zeitpunkt des ersten Porträts, veränderten und gereiften Willy Brandt für die Kanzlergalerie zu malen.

1973 hatte das ZEITmagazin Georg Meistermann gefragt, was ihn 1969 bewogen habe, Willy Brandt zu malen. Er habe wissen wollen, antwortete er, „Ob es noch möglich ist, das Porträt eines heutigen Staatsmannes in einer historischen Reihe zu malen, vergleichsweise etwa mit Bildern Karls des V., Philipps des IV., Napoleons oder der Bismarckbildnisse von Lenbach und endlich des Porträts des Reichspräsidenten Ebert von Corinth". Dabei sei er sich, hatte er bekannt, der Schwierigkeit seiner Aufgabe bewußt gewesen, gebe es doch „kaum 10 Fotos von ihm, die sich gleichen". Für Meistermann ging es damals, wie er sagte, um mehr, als nur die „variablen Konturen seiner Person" mit den Mitteln der

Malerei zu fixieren, sondern darum, das „Milieu" eines Demokraten abzubilden.

Über den Prozeß der Annäherung des Malers an den Politiker Brandt sagte Meistermann, es hätten sich „mühsam, unvorhergesehen und immer wieder anders, Strukturen einer persönlichen Erscheinung (geordnet), die der Konturen nicht mehr bedarf, die der Grenzen überdrüssig ist, die unter der Last der Vorstellungen und der Diskrepanz des Erreichten mühselig neue Wege sucht". Verehrung spricht aus den Worten Meistermanns. Er wollte, bekannte er, auch den Mann abbilden, der „eines Tages in die Knie sank, von mehr Barmherzigkeit und Frieden spricht". Es scheint, als hätte der malende Biograph in diesen wenigen Worten den schreibenden Biographen einen gültigen Hinweis gegeben, was den Politiker Willy Brandt ausmacht.

Dessen damaliger politischer Gegenspieler, der Vorsitzende der CDU/CSU-Fraktion im Deutschen Bundestag und Oppositionsführer Helmut Kohl, um eine Interpretation des umstrittenen Kanzler-Porträts gebeten, machte sich nicht die Mühe einer künstlerischen Einschätzung. Er urteilte „als Politiker, als Vorsitzender der größten Oppositionspartei" über das Bild, er wünsche sich „nicht ein profilierteres Porträt ... sondern einen anderen kraftvolleren Bundeskanzler". Während der Amtszeit von Helmut Kohl als Ministerpräsident von Rheinland-Pfalz war Meistermann ein gern gesehener Gast in der Staatskanzlei in Mainz.

Werner Haftmann formulierte behutsamer. Das Bild sei „kein Repräsentationsbild", sondern das „psychographische 'Innenbild' eines zeitgenössischen politisch repräsentativen Menschen, gesehen durch das Zutrauen und die Angst eines zeitgenössischen künstlerischen Menschen". Willy Brandt sagte später im Gespräch, er glaube beim Betrachten des Bildes zu wissen, um was es dem Maler gegangen sei.

Der Auftraggeber des neuen Brandt-Porträts, der amtierende Bundeskanzler Helmut Schmidt, nahm Willy Brandts Wunsch, sich noch einmal von Georg Meistermann porträtieren zu lassen, nicht kommentarlos hin. Bei einem Gespräch, zu dem er den Künstler ins Bundeskanzleramt geladen hatte, lautete seine Bitte, wie Meistermann berichtete, er möge ihm „ein ähnliches Bild malen". Meistermann, der mit seiner Meinung nicht hinter dem Berg zu halten pflegte, erzählte nicht ohne Stolz, er habe wütend das Gespräch abgebrochen und dem Bundeskanzler geraten, es doch mit einem Foto zu versuchen. Dennoch wurde am 24. Februar 1977 Georg Meistermann der Auftrag für das Brandt-Porträt erteilt.

Ein Jahr nachdem das Kanzleramt den Ankauf des ersten Porträts abgelehnt hatte begann Georg Meistermann mit dem zweiten Porträt von Willy Brandt. Aus dem Archiv hatte er auf seine Bitte zunächst eine Sammlung von Fotos erhalten, an Hand derer er sich in Person und Gestalt einarbeiten wollte. Nach etwa vier Wochen meinte Meistermann, er könne nun beginnen. Meistermann hatte sich einverstanden erklärt, in Brandts Büro, im Südflügel des

Tagesplan Dienstag, 3. Mai 1977, Willy Brandt

9.00 Uhr	Paulshof	Abfahrt zum
9.15 Uhr	Parteihaus	EB, UH, MB
9.30 Uhr		H. Koschnick
10.00 Uhr		H. S
10.30 Uhr		Präsidium
12.30 bis 13.30 Uhr	Pol. Club	MiEssen m./Kl. Schütz
13.45 Uhr	vor dem EO-Haus	Ständchen einer Blaskapelle a. d. Wahlkreis Fellermaier
anschl.	Bundeshaus S 03	Prof. Meistermann
15.00 Uhr		Fraktionssitzung
17.30 Uhr	S 03	Abschiedsbesuch StS Dr. Gehlhoff
19.00 Uhr	Parteihaus	norweg. Botschafter Busch
19.30 Uhr	Präsidiums-saal	Kleiner Gesprächskreis

Deutschen Bundestages, zu malen, um Brandt den Weg in sein Atelier in der Kölner Gaustraße zu ersparen. Staffelei, Maltisch, Malutensilien wurden nach Bonn gebracht. Nach längerem Suchen lieferte die Verwaltung des Deutschen Bundestages ein Stehpult, denn Meistermann wollte ein Halbporträt des stehenden Willy Brandt malen.

Anfang Mai fand die erste Sitzung statt. Im „Tagesplan Dienstag, 3. Mai 1977" ist dies nach einem für 13.45 Uhr vor dem SPD-Parteihaus vorgesehenen „Ständchen einer Blaskapelle a. d. Wahlkreis Fellermaier" geschäftsmäßig festgehalten mit den Worten „anschl. Bundeshaus S 03 Prof. Meistermann". Brandt begab sich an das Stehpult, von dem aus er in den Garten blicken konnte. Nach einem kurzen Gespräch mit ihm begann Meistermann. Während der folgenden Sitzungen machte Brandt Schreibarbeiten oder verfolgte die Debatte im Plenarsaal am Fernsehgerät. Der Maler und sein Modell arbeiteten zumeist schweigend.

Die erste Sitzung dauerte knapp eine Stunde. Meistermann entwarf zunächst eine Kohleskizze, die er alsbald farblich ausarbeitete. Mit groben Strichen umriß er die Konturen eines blauen Anzugs und wandte sich dann dem Kopf und den Händen zu, die er mit kurzen Malstrichen in pointilistischer Manier ausfüllte. In der Woche bis zur zweiten Sitzung am 9. Mai 1977 arbeitete er dann allein ohne sein Modell weiter.

Meistermann liebte, wenn er allein arbeitete, das Gespräch, und so ging ich oft aus meinem benachbarten Büro zu ihm hinüber. Es ging um Fragen allgemeiner oder aktueller Politik, oft über Brandt. Immer wieder wollte er ein Urteil über das entstehende Bild, ein Urteil, das oft schwer fiel, weil nicht klar war, in welche Richtung Meistermann das Zwischenstadium weiter zu entwickeln gedachte. Es war aber spürbar, und Meistermann sprach das auch aus, daß er stets im Zweifel war, ob sein Bild Brandt gerecht werde. Möglicherweise plagte ihn die Weisung Helmut Schmidts, ein „ähnliches Bild" zu liefern. Immer wieder beklagte er, daß sein Modell schwer zu fassen sei. Schon über sein erstes Brandt-Bild hatte er gesagt, „immer erscheint er anders als das Bild, das man von ihm hat".

Trotz solch wiederkehrender Zweifel war Meistermann zuversichtlich. Ziemlich am Anfang hatte er gesagt, er glaube, der Zeitpunkt für ein zweites Bild sei richtig gewählt. Von Brandt habe er den Eindruck, daß er den Schock des Rücktritts überwunden habe, er wirke auf ihn wieder ausgeglichen. Bei solchen Gesprächen geriet Meistermann, während er weiter malte, gern ins Schwärmen. Er sparte nicht mit Urteilen und Zensuren über die Bonner Politik und ihre Akteure; den allermeisten gehe die Fähigkeit ab, die Öffentlichkeit mitzureißen. Er lobte an Brandt die Bereitschaft zu konzeptionellem Denken, zum Visionären.

Nach der zweiten Sitzung am 9. Mai arbeitete Meistermann vier Wochen allein weiter. Nach wie vor konzentrierte er sich auf den Kopf. Er begann dann, den Hintergrund auszuarbeiten; der Anzug erhielt nur einige beiläufige zusätzliche Pinselstriche. In der uns vertrauten Malweise Georg Meistermanns wurde Farbschicht auf Farbschicht übereinander gelegt. Das Bild erhielt auf diese Weise langsam die für Meistermanns Arbeiten typische Tiefe.

Viermal noch stand Willy Brandt dem Maler im Laufe des Juni Modell. Routine hatte sich eingestellt. Meistermann kam zugute, daß er sein Modell in einer Phase relativer politischer Ruhe malen konnte. Die SPD befand sich in diesen Wochen nach den Wahlen zur Bürgerschaft in Hamburg im Aufwind.

Schließlich meinte Meistermann Anfang Juli 1977, er könne das Bild jetzt allein fertigstellen. Er räumte sein provisorisches Bonner Atelier und nahm das Bild mit nach Köln, um zunächst dort weiterzuarbeiten.

Im Herbst nahm er es mit nach Schüller in die Hoch-Eifel, wo er in einem weitläufigen ehemaligen Schulhaus sein zweites Atelier hatte. Dort pflegte Georg Meistermann in dem hohen Anbau an den großflächigen Kartons für Kirchenfenster zu arbeiten, im früheren Schulraum malte er. Der Blick geht aus den großen Fenstern über die sanften Hügel der Eifel. Der Morgen, an dem ich ihn dort besuchte, war nebelig, ein mildes Licht vertiefte die Ruhe und Weite der Berglandschaft, die so sehr mit der Enge des Kölner Ateliers kontrastierte. Das Brandt-Bild sei fast fertig, hatte Meistermann mitgeteilt, als er mich zu einem Besuch einlud. Wenn seine Bilder überhaupt „fertig" sein könnten, sagte er irgendwann beiläufig. Man müsse sie ihm „entreißen".

Es fiel schwer, spontan Begeisterung zu äußern, dafür wich das Bild zunächst zu sehr von der vertrauten Person Willy Brandts ab. Der Oberkörper, leicht nach rechts gewandt, war eingefaßt durch die angewinkelten Arme, erkennbar war in der rechten Hand ein Stift. Das Gesicht wirkte starr, der Ausdruck der Augen ergriff den Betrachter.

Obwohl nach Meistermanns Worten das Bild fertig war, dauerte es noch einmal zwei Monate, ehe er das Kanzleramt – Anfang 1978 – um Abnahme bat. Bis in die Weihnachtstage arbeitete er vor allem am Kopf weiter. Er wurde schärfer konturiert, das kräftige Rot in der Augenpartie wurde durch kühleres Blau überdeckt, die Kontur des Kopfes insgesamt gestreckt.

Für den Auftraggeber nahm ein Ministerialdirigent aus der Verwaltungsabteilung des Kanzleramts die Abnahme vor. Nach kurzer Betrachtung ließ er Meistermann ziemlich unverblümt wissen, das Bild gefalle ihm gar nicht. Sogar den begleitenden Oberamtsrat überraschte das schnelle Urteil, er schien sichtlich bemüht, dem ob solchem Freimut irritierten Georg Meistermann dadurch Trost zu vermitteln, daß er bekannte, man brauche wohl Zeit, um das Bild zu verstehen.

Willy Brandt kam kurz danach mit seiner Frau Rut, um das Bild zu begutachten. Die Begegnung mit Meistermann fand in einer gelösten Atmosphäre statt. Das Bild nahm Willy Brandt – im Gegensatz zu seiner Frau – eher beiläufig, aber doch wohlwollend zur Kenntnis. Es wäre falsch, dies als Gleichgültigkeit zu interpretieren, es entsprach aber nicht Willy Brandts Naturell, anders zu reagieren. Er habe es nicht als falsch empfunden, sagte er später, „die Reihe der Porträts durch eine Abweichung vom Konventionellen aufzulockern". Solche knappen Worte bezeugten das Einverständnis des Porträtierten. Gleichzeitig trat er dem Eindruck entgegen, die Bitte an Meistermann, ihn ein zweites Mal, und zwar für die Kanzlergalerie, zu porträtieren, sei eine Wiedergutmachung für die Diskussion um das erste Bild gewesen. Seine Entscheidung wolle er verstanden wissen als Ausdruck der Verbundenheit.

Das Bild ging dann an den Auftraggeber. Nachdem der amtierende Bundeskanzler Helmut Schmidt gemeinsam mit seinem Amtsvorgänger Willy Brandt und dem Maler Georg Meistermann am 20. Februar 1978 das neue Porträt in der Kanzlergalerie enthüllt und es bei einem Fototermin vorgestellt hatte, nahm sich die Öffentlichkeit des Bildes an.

Die Boulevardpresse war sich mit den Kunstsachverständigen der SPD rasch einig: so mochte man Willy Brandt nicht. „Brandt in Öl und ohne Nase", titelte die BILD-Zeitung. Für DIE WELT war es „ein Willy Brandt ohne Konturen für 35.000 Mark". Man bemängelte das Fehlen der Krawatte – Meistermann konterte, Willy Brandt habe dafür eine weiße Weste.

Die Kritik an dem Bild schien sich in den innerparteilichen Streit einzuordnen; am vehementesten verwarfen es die als Willy Brandts Kontrahenten vom rechten Flügel ausgewiesenen Vorstandsmitglieder Hans Apel („der sieht aus wie Frankenstein") und Hermann Rappe. Der Porträtierte selbst nahm das gelassen hin, mokierte sich allenfalls über den plötzlich zutage tretenden Kunstverstand seiner Kritiker. „Ein Parteivorsitzender ist nicht zuständig für das Kunstverständnis derer, die sich über Kunst äußern, schon gar nicht für das von Mitgliedern seiner Partei", ließ er wissen. Gelegentlich hätte ihn die Schnelligkeit von Urteilen verwundert, verletzt hätten ihn ablehnende Urteile allenfalls dann, wenn man die Absicht, den Porträtierten zu treffen, gespürt habe. Der Hamburger Morgenpost sagte Willy Brandt auf die Frage des Chefredakteurs Konrad Ahlers, wie er zu dem Bild stehe: „Es ist immer wieder überraschend, was gründliche Menschen in mir entdecken."

Meistermanns Brandt-Porträt sollte keine vier Jahre die Ahnengalerie der Kanzler zieren. Am 1. Oktober 1982 endete mit der Wahl des CDU-Vorsitzenden Helmut Kohl zum Bundeskanzler die von Willy Brandt 1969 begonnene und 1974 mit Helmut Schmidt fortgeführte sozialliberale Bonner Koalition. Die „Wende" vom Herbst 1982 wirkte sich unmittelbar auch auf das Bild aus. Von Journalisten erfuhr Willy Brandt, auch Helmut Kohl gefalle das Bild nicht. Er wolle es deshalb abhängen lassen.

Das Gerücht hatte einen realen Hintergrund, denn schon im Dezember des Wendejahrs fragte der neue Kanzler Willy Brandt selbst, ob er bereit sei, sich erneut porträtieren zu lassen. Das zumeist gut informierte Wochenmagazin DER SPIEGEL berichtete über das Gespräch. Meistermann, sichtlich verärgert, fragte an, ob er das Bild überarbeiten solle. Er habe es 1977 aus der konkreten Situation gemalt und sehe Willy Brandt heute anders. Freunde haben ihm damals geraten, keine Zugeständnisse zu machen; er dürfe sich nicht an „Pinschergeschmack" anpassen. Für Meistermann war die Reaktion des Bundeskanzlers umso befremdlicher, als er ihn aus dessen Zeit als Ministerpräsident in Mainz gut kannte. Verquererweise drückte sich diese Verbundenheit, vielleicht auch nur das schlechte Gewissen, darin aus, daß Willy Brandt zu seinem siebzigsten Geburtstag von Helmut Kohl Meistermanns „Rote Schwinge" zum Geschenk erhielt.

Meistermann gelang es, das Brandt-Porträt zurückzuholen, um – wie er sagte – den Rahmen zu verändern. Stattdessen begann er aber, an dem Bild weiter zu malen. Derweil entspann sich dann ein mehrere Monate dauernder Schriftwechsel zwischen dem Büro des Altbundeskanzlers Brandt und dem Kanzleramt über die künftige Verwendung des Bildes. Auf Willy Brandts Frage erklärte sich dann sein damaliger Stellvertreter im Amt des SPD-Vorsitzenden, der nordrhein-westfälische Ministerpräsident Johannes Rau, bereit, das Bild in seinem Bonner Arbeitszimmer, gleich neben dem Kanzleramt, aufzuhängen.

Als Meistermann es dort im Dezember 1984 ablieferte, war es nicht mehr das alte Bild. Während des Jahres, in dem das Bild im Kölner Atelier war, hatte Meistermann den Kopf, die Hände und die Hemdpartie noch einmal verändert, der Hintergrund war bunter geworden, die Konturen wurden insgesamt weicher.

Heute hängt in der Kanzlergalerie ein Porträt Willy Brandts des Düsseldorfer Professors Oswald Petersen. Dessen Auftraggeber waren vornehmlich Wirtschaftsleute aus dem Ruhrgebiet. Er lieferte von Willy Brandt ein qualitätsvolles, handwerklich gediegenes Porträt in einem herkömmlichen Stil. Willy Brandt hatte nicht widersprochen und befand, für die, die an der Galerie vorbeikommen, sei das Petersen-Bild besser geeignet. Es war eben das „ähnliche Bild".

Willy Brandt räumte ein, er habe sich über die Bereitschaft der Betrachter, sich mit Meistermanns Bild auseinanderzusetzen, getäuscht. Protest regte sich erst, als der Öffentlichkeit bekannt wurde, daß die Porträts ausgetauscht worden waren. Als symptomatisch für den „skandalösen Umgang von Politikern mit der Kunst und Künstlern" empfand es der Journalist Hans-Peter Riese. Der Bonner Kunsthistoriker Justus Müller-Hofstede zeigte sich verärgert und entäuscht, daß die konventionelle über die künstlerische Darstellung gesiegt habe. Ein Mitarbeiter Helmut Kohls wußte besser, auf was es Otto Normalverbraucher beim Betrachten von Porträts ankomme: sie müßten so realistisch sein, daß der eigene Hund davor bellt.

Das zweite Porträt

9. Mai 1977

10. Mai 1977

10. Mai 1977

10. Mai 1977

10. Mai 1977

11. Mai 1977

12. Mai 1977

Juni 1977

Juni 1977

6. Juli 1977

6. Juli 1977

6. Juli 1977

29. November 1977

29. November 1977

29. November 1977

19. Dezember 1977

13. Januar 1978

20. Februar 1978

20. Februar 1978

20. Februar 1978

Sie sind zweimal von Georg Meistermann porträtiert worden. Eine Frage vorweg: Warum noch Porträtmalerei im Zeitalter der Fotografie?
Porträtmalerei gibt es fast so lange, wie der Mensch sich mit den Mitteln der Kunst mit seiner Umwelt auseinandersetzt. Die Fotografie ist seit dem vorigen Jahrhundert als ein wichtiges Mittel hinzugekommen. Im übrigen hat die Malerei ihre eigenen Techniken, setzt sich der Maler mit seinem Objekt ganz anders auseinander als der Fotograf; beide haben ihre unterschiedlichen Möglichkeiten der Interpretation.

Warum haben Sie Georg Meistermann gestattet bzw. ihn gebeten, Sie zu porträtieren? Was verbindet Sie mit ihm?
Ich bin nicht selten gebeten worden, mich zu Porträtsitzungen bereit zu finden. Daß ich Georg Meistermanns Vorschlag einer Porträtstudie zugestimmt habe, hatte natürlich auch mit Sympathie zu tun. Er ist ein sehr politischer Mensch, voll freiheitlicher Ungeduld, Dinge zu verändern, die er als ungerecht empfindet. Außerdem hat uns die unterschiedliche, aber nachdrückliche Erfahrung mit der Naziherrschaft für das ganze weitere Leben geprägt.

Um das 1969 von Meistermann begonnene Porträt hat es eine heftige Diskussion gegeben. Ist das wirklich Willy Brandt? fragte eine Zeitschrift. War es Willy Brandt?
Das können andere besser bewerten, als ich es mir zutraue. Meistermann hat sein Bild „farbige Notizen zur Biografie des Bundeskanzlers von 1969 bs 1973" genannt; ich glaube, beim Betrach-

ten des Bildes zu wissen, um was es ihm ging. Meine Antwort lautet deshalb: ja.

Als Sie gebeten wurden, sich für die Kanzlergalerie im neuen Bundeskanzleramt porträtieren zu lassen, haben Sie wiederum Georg Meistermann darum gebeten. War das – angesichts der Diskussion um das erste Porträt – als Wiedergutmachung gedacht?

Nein, ich möchte lieber von Verbundenheit sprechen. Und ich empfand es nicht als falsch, die Reihe der Porträts durch eine Abweichung vom Konventionellen aufzulockern.

Wie bewerten Sie das Ergebnis?

Meistermann hatte zu dem ersten Porträt gesagt, es habe ihn fasziniert, ein Bild von mir zu machen, da es kaum zehn Fotos von mir gäbe, die sich gleichen. Dem kann ich nicht widersprechen. Vermutlich habe ich es ihm in der psychischen und physischen Situation, in der er mich 1977 antraf, nicht leicht gemacht, aus den vielen Formen von Erscheinung, die es von mir geben mag, die gültige Synthese herauszufiltern. Ich erkenne mich gut. Ob es ein künstlerisch „richtiges", malerisch „gutes" Bild ist, müssen die entscheiden, die davon mehr verstehen als ich.

Es hat böse Kommentare, gerade von SPD-Mitgliedern, über das zweite Bild gegeben. Was haben Sie dabei empfunden? Hat Sie das verletzt?

Ein Parteivorsitzender ist nicht zuständig für das Kunstverständnis derer, die sich über Kunst äußern, schon gar nicht für das von

Mitgliedern seiner Partei. Verletzen konnten mich ablehnende Urteile allenfalls, wenn man das Gefühl hatte, hier werde nicht über das Bild oder den Maler geurteilt, sondern hier solle dem Porträtierten eins ausgewischt werden. Gelegentlich hat mich die Schnelligkeit von Urteilen verwundert. Aber es ist ja nicht ungewöhnlich, daß sich Leute zu Dingen äußern, mit denen sie sich nicht wirklich vertraut gemacht haben. Meistermann hat für das Bild mehr als ein Jahr gebraucht. Viele derer, die es ablehnten, haben nach meinem Eindruck nur beiläufig darauf geschaut und meinten, dann schon sicher urteilen zu können. Etwas mehr Respekt, ja, auch Demut gegenüber der Leistung eines anderen Menschen würde uns in manchen Zusammenhängen gut bekommen.

Georg Meistermann hat Ihr Porträt nachträglich noch einmal verändert, nicht wesentlich zwar, aber doch sichtbar. Heißt das in Ihren Augen, daß er die Kritik an dem Bild aufgenommen hat?

Nein, das geht sicher an der Sache vorbei. Sie sagten schon, es sind unwesentliche Änderungen, Korrekturen, genaugenommen sind es Weiterführungen. Wer Georg Meistermann kennt, der weiß, daß seine Bilder nie fertig werden, es sei denn, man nimmt sie ihm gewaltsam weg. Mir will scheinen, das zeigt, wie skrupulös dieser Künstler vorgeht. Was er auf die Leinwand bringt, scheint für ihn nie endgültig. Es sind wohl immer Zweifel da, ob er die Wirklichkeit richtig wahrgenommen, seinem Eindruck den richtigen Ausdruck verliehen hat.

Der amtierende Bundeskanzler hat Sie gebeten, ihm ein anderes Porträt – andere haben gesagt, ein „ähnliches" – für die Kanzlergalerie zur Verfügung zu stellen. Warum haben Sie dem scheinbar diskussionslos zugestimmt? Räumen Sie damit ein, es war vielleicht doch falsch, Georg Meistermann für diesen Zweck um ein Porträt zu bitten?

Um mit dem letzten Teil der Frage anzufangen: es war nicht falsch. Das Bild von Meistermann ist da, und es wird, so hoffe ich, einen angemessenen neuen Platz bekommen. Geirrt habe ich mich hinsichtlich der Fähigkeit oder Bereitschaft derer, die an dieser kleinen Galerie vorbeigehen, sich mit einem Bild zu beschäftigen, das sich nicht auf den ersten Blick erschließt. Das sah der jetzige Hausherr offenbar realistischer. Er konnte sich außerdem auf Hinweise anderer stützen, auch solcher aus meiner eigenen Partei. Ich habe mich dem vorgeschlagenen Zugeständnis an die Zeit nicht widersetzen wollen.

Georg Meistermann möchte Sie ein drittes Mal porträtieren, er meint, dies sei für ihn jetzt leichter zu bewältigen. Könnten Sie sich trotz der Diskussion um die beiden ersten Bilder bereit finden, erneut für Georg Meistermann zu sitzen?

Dieser Wunsch ist mir neu. Wenn er vorhanden ist, will ich gern darüber nachdenken und mit ihm darüber sprechen.

Gesprächspartner: Klaus-Henning Rosen

Lebenslauf

16. Juni 1911	geboren in Solingen
1932–1933	Studium an der Kunstakademie Düsseldorf bei Heinrich Nauen, Ewald Mataré und Heuser – nach der Machtübernahme durch die Nazis erhält er Ausstellungsverbot und verläßt die Akademie. Weiterbildung als Autodidakt
1938	erste Glasfenster für eine Solinger Kirche (die, wie alle frühen Bilder, im Krieg vernichtet wurden)
1952	Professur am Städelschen Kunstinstitut in Frankfurt, die er aus Protest gegen die Bevormundung eines Kollegen durch die Stadt niederlegt
1956	Professur an der Kunstakademie Düsseldorf
1960	Professur an der Kunstakademie Karlsruhe
1965	Lehrauftrag an der Akademie der Bildenden Künste, München
1967–1972	Präsident des Deutschen Künstlerbundes
1972	Vorsitzender des Berufsverbandes der bildenden Künstler in Nordrhein-Westfalen
12. Juni 1990	gestorben in Köln im 79. Lebensjahr

Bedeutsame Glasfenster und Wandbilder

1950–1972	Feldkirche Neuwied (32)
1952–1960	WDR Köln
1954	St. Alphons Würzburg
1957	Gedächtniskirche Berlin
1962	Maria Martyrium Berlin (Altarwand)
1984	St. Gereon Köln ZDF Mainz

Wichtige Ausstellungen

1945	Retrospektive Städtisches Museum Wuppertal
1948	Biennale Venedig
1955	1. documenta Kassel
1981	Retrospektive des Germanischen Nationalmuseums Nürnberg zum 70. Geburtstag

Wichtige Ehrungen

1956	Großer Kunstpreis des Landes Nordrhein-Westfalen
1959	Großes Bundesverdienstkreuz
1976	1. Staatspreis des Landes Rheinland-Pfalz
1989	Staatspreis des Landes Nordrhein-Westfalen

Lebenslauf

18. Dezember 1913 geboren in Lübeck

1930	Mitglied der SPD, später Übertritt zur Sozialistischen Arbeiterpartei (SAP)
1932	Nach dem Abitur am Johanneum Tätigkeit bei einem Schiffsmakler und am „Lübecker Volksboten"
April 1933	Flucht vor der Gestapo über Dänemark nach Norwegen
ab 1933	Studium der Geschichte in Oslo, journalistische Tätigkeit und Mitarbeit in der Exilarbeit der SAP
1936	Getarnt als norwegischer Student leitet er in Berlin die Untergrundorganisation „Metro"
1938	Ausbürgerung und Annahme der norwegischen Staatsangehörigkeit
1945–1947	Korrespondent skandinavischer Zeitungen in Deutschland und Presseattaché der norwegischen Militärmission in Berlin
1948	Wiedereinbürgerung, Vertretung des SPD-Vorstandes in Berlin
ab 1949	Mitglied des Deutschen Bundestages
1955	Präsident des Berliner Abgeordnetenhauses
1957	Regierender Bürgermeister von Berlin

1958	stellvertretender SPD-Vorsitzender
1964–1987	SPD-Vorsitzender
1966	Bundesminister des Auswärtigen
1969–1974	vierter Bundeskanzler der Bundesrepublik Deutschland
1976–1992	Präsident der Sozialistischen Internationale
1977	Vorsitzender der „Unabhängigen Kommission für internationale Entwicklungsfragen"
1979–1983	Mitglied des Europäischen Parlaments

8. Oktober 1992 gestorben in Unkel am Rhein im 79. Lebensjahr

Wichtige Ehrungen

	Zahlreiche in- und ausländische Orden sowie Ehrendoktorate und Ehrenbürgerschaften
1971	Verleihung des Friedens-Nobel-Preises